Yf 10484

Entre

ONZE HEURES
ET
MINUIT

OU

LA JUSTICE A LA TURQUE.

Je concède à **M. PETIOT** tous mes droits d'Auteur, sous quelques rapports que ce soit, et déclare que le présent Ouvrage lui appartient en toute propriété.

Avignon, le 24 Mars 1834.

Neuville.

ENTRE
Onze Heures
et
MINUIT
ou
la Justice à la Turque.

A Propos Historique
en Deux Parties et en Vers.

Par M.' Aug.te Neuville.

AVIGNON,
Imprimerie de Veuve GUICHARD AÎNÉ.
1834.

Distribution :

PERSONNAGES : **ACTEURS :**

IMEGÉNELA, Limonadier.

GRUYÈRE,
ROQUEFORT, } *Particuliers*
D'HOLLANDE, } *très-connus.*
PARMESAN,

TRISTE A PATTE, Accusateur public.

L'AMI DE TRISTE A PATTE, son Assesseur.

Deux personnages indispensables.

Un Juge honnête homme, rôle presque muet.

Gardes, Huissiers, Greffiers, Peuple et Mouchards.

La Scène se passe où l'on voudra, en l'an de grâce 1834.

Décors.

1er ACTE. Place publique, Café saillant et dont on voit l'intérieur.

2me ACTE. Une Salle d'audience, tables et chaises.

ENTRE

Onze Heures et Minuit

OU

LA JUSTICE A LA TURQUE.

Première Partie.

Une Soupe au Fromage.

SCÈNE I.

TRISTE A PATTE, *entrant en scène, un volume neuf à la main.*

(*il lit.*)
« DE Paris au Japon et du Japon à Rome
» Le plus sot animal, à mon avis, c'est l'homme. »
(*avec indignation.*)
Et l'on trouve imprimeur pour imprimer cela ?
Et l'on n'empoigne pas ce maudit auteur-là ?
Famélique coquin, ne faisant paix ni trêve,

Digne au plus du fauteuil qu'on donnait à la Grève.
C'est Boileau-Despréaux !!.... Je ne le connais pas.
Gare à lui si jamais il tombe dans mes lacs.
Allons, voyons toujours, je n'en saurais trop lire.
   (*il lit.*)
« Un sot trouve toujours un plus sot qui l'admire. »
Ce trait, certainement, est dirigé sur moi.
Le coquin sait trop bien que j'admire le... (*s'inter-*
   rompant.) Quoi ?
Je ne suis pas le seul.... car dans ce siècle impie
Où l'on veut écraser monarque et monarchie,
Il faut environner le trône de soutiens.
Qui pourrait, mieux que nous, en être les gardiens ?
L'Autriche nous sourit, la Prusse nous regarde,
Et comme au Consulat nous formerons sa garde,
Garde qui chaque jour prévient des attentats
Que l'on voit en tous lieux et qu'on ne connaît pas.
Mais voici mon ami.... Quelle figure plate !
   (*à lui-même.*)
Tu choisis assez mal, mon pauvre Triste à Patte.

SCÈNE II.

TRISTE A PATTE, SON AMI.

TRISTE A PATTE.

Eh bien ! qu'avez-vous donc, mon très cher assesseur ?
Vous ne m'avez pas l'air de très joyeuse humeur.

Auriez-vous, par hasard, reçu quelque nouvelle
Propre à troubler vos sens ? Ou bien la clientelle
De ces francs scélérats, de ces hommes de rien,
Pour notre désespoir reviendraient-ils à bien ?

SON AMI.

Non, Triste à Patte, non, il s'agit d'autres choses ;
L'oreiller du pouvoir n'est pas un lit de roses :
« Ainsi que la vertu, le crime a ses degrés. »
Aussi ne voyons-nous que *Tribune* et *Progrès*,
Que pamphlets, que chansons, complots, caricatures,
Qui souillent les esprits et les mœurs les plus pures,
Transforment les oisifs en esprits turbulens,
Bravent et la police et tous ses adhérens,
Gangrènent la raison, bravent l'obéissance,
Finiront par traiter de puissance à puissance :
C'est moi qui te le dis..... aussi, rongeant mon frein,
De les mater bientôt j'entrevois le moyen ;
Ça ne peut pas durer, il faut que ça finisse ;
Tu me connais assez ; entêté comme un Suisse,
Je braverais la mort ! la mort ! je la connais ;
Jadis je l'ai donnée !..... et je la recevrais
Non sans la disputer, mais en brave, en martyre :
Maintenant, à ton tour, je n'ai plus rien à dire.

TRISTE A PATTE.

« La mort ? la mort n'est rien, c'est notre dernière
   heure ; »

Mais sur ton sort futur avant que je ne pleure,
Je te dois mes avis, je te dois un conseil.
Farouche à ton coucher, presque tigre au réveil,
Tu n'abordes quelqu'un qu'avec un air sinistre :
Voudrais-tu par hasard être nommé ministre
Ou procureur du roi ? Cela ne prendra pas ;
Depuis certains trois jours tu fis trop de faux pas.
Le zèle est bon en soi, mais il faut la prudence :
Tous les gouvernemens ont si peu d'existence,
Qu'il faut pour l'avenir une garde à carreau.
Le peuple est rancuneux, ne nous voit pas en beau ;
Ainsi donc change un peu, l'horizon périclite ;
Tâche de m'imiter, fais un peu l'hypocrite ;
Fais-toi juste-milieu, carliste, libéral ;
Des fiers républicains ne parle pas trop mal ;
Les badauds oublîront que tu fus dur, corsaire,
Ne te nommeront plus que le bon commissaire.

SON AMI.

Pour qui me prends-tu donc, toi qui connais mon âme?
Sais-tu que ton conseil est absurde, est infâme !
Sais tu que pour un rien je te dénoncerais !
Sais-tu qu'un mot de plus et je t'empoignerais,
Toi, dont je suis l'ami, dont je suis le confrère !
Que je te logerais à trente pieds sous terre
Si je n'avais besoin d'un homme rigoureux
Dans un certain arrêt que j'aurai... que je veux.

Apprends donc, renégat, apprends sans commentaire,
Ce secret qu'en ce jour j'aurais bien pu te taire ;
Qu'un complot odieux, satanique, infernal,
(Car s'il réussissait tu t'en trouverais mal)
Doit échouer bientôt, grâce à ma vigilance :
Je pourrai dire aussi que j'ai sauvé la France !
Un club très dangereux, car il est permanent,
S'augmente chaque jour et devient menaçant ;
Il s'assemble ce soir comme il fait de coutume ;
Son local, le voilà : on y boit, on y fume ;
Le maître est de l'avis de tous ces messieurs-là ;
Tu le connais très bien, c'est le sieur Imgela.

TRISTE A PATTE.

Oui, oui, je le connais, il est telles affaires
Qui l'ont mis nez à nez avec les commissaires ;
Du reste, cher ami, laissons là le passé ;
Je me croyais plus fin, mais tu m'as surpassé ;
Tu fais ton noble état sans le moindre scrupule.
Ah ! Tu n'avais pas tort ; je suis bien ridicule !

SON AMI.

Ce seul mot me suffit ; rentrons, il se fait tard,
Le spectacle est fini, il est onze heure et quart.
Il faut nous préparer, te donner la consigne ;
Si tu les acquittais, ah ! ce serait indigne !
   (*ils sortent.*)

SCÈNE III.

IMEGÉNELA, GRUYÈRE, D'HOLLANDE, ROQUE-
FORT, PARMESAN.

(*Cette scène se passe à la porte du café.*)

GRUYÈRE.

Que le diable t'emporte avec ta politique !
Las d'entendre parler monarque et république,
Je voulais discuter sur Dalayrac, Aubert,
Et tu viens m'endormir avec ton Charle-Albert !

D'HOLLANDE.

Et moi qui fuis Paris pour fuir le romantique,
Si je lisais leurs vers je deviendrais étique.
Je m'informe de tout, je crois voir l'Opéra,
Que vient-on nous offrir ? *Lucrèce Borgia !*

ROQUEFORT.

Quant à moi, mes amis, enflammé d'un beau zèle,
Des produits du pays admirateur fidèle,
Je voulais m'assurer si Tavel, Ledenon,
Méritaient bien l'honneur qu'on attache à leur nom :
Je m'en suis assuré, et je sens, à ma tête,
Que celui qui l'a dit n'était pas un prophète.

PARMESAN.

Croyez-vous m'amuser en me parlant ainsi ?

Vous êtes tous charmans, mais moi je suis transi;
Je sens mon estomac, il est temps, je le pense,
De songer au souper; au diable l'abstinence !
Entrons dans ce café, y consentez-vous tous?

LES TROIS AUTRES.

Oui, nous y consentons.

PARMESAN.

Entrons comme chez nous.

SCÈNE IV.

LES PRÉCÉDENS *dans l'intérieur du Café*. L'AMI DE TRISTE A PATTE, *à la tête de plusieurs soldats.*

L'AMI DE TRISTE A PATTE.

(*à demi-voix.*)
Marchez d'un pas très lent, arrêtez ! immobile !
Il s'agit aujourd'hui de délivrer la ville
De profonds scélérats, conspirateurs obscurs
Que nous réunirons, mais entre quatre murs.
(*désignant le café.*)
Ils sont là ces sujets, cruels antropophages,
Ne respirant que fiel, assassinats, carnages,
Et qui dans ce moment, nous croyant loin d'ici,

Vont se trouver forcés de se rendre à merci.

(*désignant le café.*)

Ils sont là !.. sous ma main ; je n'en puis plus de rage !
Je ne me croyais pas, ma foi, tant de courage.
Vaut mieux tard que jamais : soldats, plus près de moi ;
Dans un pareil moment il me semble être roi !

(*écoutant.*)

Mais j'entends fredonner ! auraient-ils la pensée
De chanter ces couplets dont l'oreille est blessée ?
Ecoutons.

GRUYÈRE, *à ses amis.*

Et d'ailleurs ce n'est point un délit :
Rien que ce seul couplet du *Camarad' de lit.*

Air :

Heureux climat, peuple guerrier,
Raison, savoir, esprit, courage,
Olive, épis, rose et laurier,
Dieu nous donna tout en partage,
Tout en partage.

A jamais elle régnera
Par ses arts et son éloquence,
Tant que sa main nous versera
Ces bons vins que la Providence
Avec sagesse nous dispense ;

Mes amis, buvons à la France,
Toute l'Europe applaudira.

(*On reprend les deux derniers vers en chœur, à voix basse, accompagnement avec des sourdines.*)

CHOEUR.

Mes amis, buvons à la France,
Toute l'Europe applaudira.   (bis.)

IMEGÉNELA.

Vous voulez donc, Messieurs, que je sois à l'amende ;
Je vous reçois chez moi presque de contrebande,
Car, à vous dire vrai, depuis la liberté
Je n'ai jamais été plus gêné, plus heurté ;
Il nous pleut de partout des gens de la police :
Justement, mes amis, j'en vois un qui se glisse.
C'est le plus fin de tous, rusé comme un renard ;
J'aimerais tout autant me voir au traquenard.
Il a su mériter le surnom de la foudre,
Ne vous parle jamais que de barils de poudre,
Et comme il fait souvent plus de bien que de mal,
Dans ses poches il a toujours un arsenal.

GRUYÈRE.

Au diable le bavard ! où donc est sa cocarde ?

IMEGÉNELA.

Ils ne la portent plus que lorsqu'ils sont de garde.

L'AMI DE TRISTE A PATTE, (*frappant à la porte.*)

Bourgeois ! au nom du Roi, de la légalité,
Je vous invite ici, par la fraternité,
D'ouvrir votre maison, l'heure est séditieuse.

IMEGÉNELA.

Monsieur, pardonnez-moi, car voici la *Glaneuse*
Qui vous prouvera mieux que tous les réglemens,
Qu'on permet de manger sous tous gouvernemens.

L'AMI DE TRISTE A PATTE.

J'en suis fâché pour vous, l'heure est par trop indue ;
Mangez si vous voulez, mais du moins dans la rue.

IMEGÉNELA.

Par égard pour un mets des plus appétissans,
Laissez-nous en repos. (*aux convives*) Vous, soyez donc
   plus lents ;
Il ne restera rien de ce divin potage.
Garçon ! fermez partout, Monsieur craint le fromage.

L'AMI DE TRISTE A PATTE.

Ah ! vous raillez ainsi, vous prenez vos ébats !
Bientôt j'aurai mon tour. Ecoutez-moi, soldats :
Cernez bien la maison, que personne ne sorte.
Ce n'est pas d'aujourd'hui qu'on me met à la porte ;

J'y passerai la nuit, demain il fera jour.
Demain, pauvres oisons, je veux être vautour.

Le rideau tombe.

FIN DE LA PREMIÈRE PARTIE.

Seconde Partie.

Un Jugement.

LE JUGE, TRISTE A PATTE, L'AMI DE TRISTE A PATTE, GRUYÈRE, D'HOLLANDE, IMEGÉNELA, PARMESAN, ROQUEFORT, *un Greffier*, *un Huissier*, *Gardes*, *Auditoire*.

TRISTE A PATTE.

Dans ce jour solennel où chacun nous comtemple,
Des autels de Janus quand on ferme le temple,
Nous nous voyons forcés par des gens insoumis
D'ouvrir les deux battans de celui de Thémis.
Un forfait inouï dans les fastes du crime,
Forfait, dont chaque jour nous sommes la victime,
S'est passé près d'ici : il est prouvé, patent ;
Rien qu'à son souvenir mon cœur est palpitant.
Il faut, pour prévenir ce conflit populaire,
Un arrêt de rigueur, prononcé, salutaire,
Qui mettra désormais les fauteurs aux abois,
Vengera nos affronts en protégeant les lois.
Avant d'aller au fait, je devais cet exorde.

Loin de nous aujourd'hui toute miséricorde ;
Jugez, coupez, tranchez, allez tout droit au but,
Et tous nos magistrats vous devront leur salut.
(*au greffier.*)
Vu le Code et la loi qui prescrit la mesure,
De ce corps de délit faites-nous la lecture.
(*à l'huissier.*)
Vous pouvez commencer, voici les prévenus :
L'auditoire est nombreux, huissier, qu'on n'entre plus.
(*Les cinq prévenus entrent et se placent sur des siéges en face du juge.*)

L'ASSESSEUR, *lisant l'acte d'accusation.*

De par le Roi, la Loi, la France et la Justice,
Nous, messieurs tels et tels, chargés de la police,
Déclarons, affirmons sous le sceau du serment
De moi, de mon ami, et d'un unique agent,
Qu'un jour, avant minuit, nous voyons dans la ville,
Dans un lieu mal famé, quelque chose qui brille :
C'était un bol de punch !!! Dans un autre quartier
Nous n'en eussions rien dit ; c'est le fin du métier.
Il est certains caveaux, quelque place adjacente
Qui dans certains momens est plus que turbulente ;
Mais pour les tolérer nous avons nos raisons ;
Il nous faut des amis dans toutes les maisons.
Pour celle où l'on buvait, celle qu'on incrimine,
Vous pouvez condamner le maître sur la mine.
Je reviens donc au fait. Approchant à bas bruit,

Collé près des volets de ce fameux réduit,
Je les distingue tous. Un grand, d'un œil farouche,
Tenait insolemment un cigare à la bouche.
Un autre, plus petit, l'agent vous le dira,
Avait l'air de chanter *Ça ira ! ça ira !*
Mais le comble de tout, ce qui tourna ma bile,
Fut de voir un barbu qui n'est pas de la ville,
En s'occupant de moi, me baptiser d'un nom
Que je ne dirai pas, et cela pour raison.
Voilà mon premier point : le second est plus grave ;
Vous allez en juger. Passant près de la cave,
Afin qu'en m'assurant bien des localités,
Je pusse en un instant saisir tous les côtés ;
Il fallait du renfort, je fais venir la garde,
J'investis le local ; un passant me regarde,
Je lui montre les dents, il se sauve aussitôt,
Et je crois qu'il fit bien d'entendre à demi-mot.
Pressé de terminer cette importante affaire,
Sanglé des trois couleurs ainsi qu'un commissaire,
Je me vois obligé, par un vent obstiné,
De proclamer dehors, la porte sur le nez,
Des trois sommations le ridicule usage.....
Comment suis-je reçu ? On me rit au visage,
On me vexe, on me berne, on m'enrhume, on me dit
Que je puis avoir froid, mais qu'ils ont appétit ! !
Ma patience à bout, je craignais ma défaite,
Quand pourtant ces messieurs signalent leur retraite
Non sans manifester, par plus d'un quolibet,

Qu'ils savaient s'amuser des hussards de Gisquet ! ! !
Après l'aveu formel d'une telle conduite,
On n'est pas étonné, je crois, de la poursuite
Que l'on doit exercer contre ces détracteurs
D'un pouvoir paternel... mais, pardon, je m'égare
Quand je parle une fois je ne suis pas avare.

LE JUGE.

Premier des accusés, vos noms, vos qualités?
Songez à n'employer rien que des vérités.

D'HOLLANDE.

D'Hollande Frédéric. (*à part.*) C'est me pousser à bout.
(*haut.*) Quant à mes qualités, je n'en ai pas du tout.

LE JUGE.

Vous, second prévenu, vos noms et cætera?

IMEGÉNELA.

Je suis limonadier, on me nomme Imgela.

L'ACCUSATEUR.

Vous savez maintenant de quoi l'on vous accuse?

IMEGÉNELA (*avec feu.*)

Je brave le plaignant... (*se reprenant.*) du moins je le récuse.

L'ASSESSEUR.

Vous le voyez, messieurs, cet homme est un brutal
Qui voudrait vous braver jusqu'en plein tribunal.

LE JUGE, *interrompant l'assesseur.*

Je vous défends, Monsieur, d'intervertir le rôle.
Accusateur public, vous avez la parole.

L'ACCUSATEUR.

Jamais, au grand jamais, depuis que la justice
A remis en mes mains l'écharpe protectrice,
Je n'ai vu de délit plus clair, plus avéré,
De si bien établi. Que d'un nom révéré
On s'amuse en passant ; qu'on badine, qu'on glose,
C'est très mal, j'en conviens ; sur nous, c'est autre chose.
Au fait, que sommes-nous, je le demande ? — Rien,
Si dans un magistrat on ne trouve un soutien.
Mais je vous soutiendrai ! oui, j'aurai ce courage,
Et quand vous mangerez de la soupe au fromage,
Il fera jour, bien sûr : j'arrive au second fait
Que je qualifirai pour le moins de forfait !
On résiste à minuit à la force publique !
On prend mon noble ami pour un valet de pique !
Vous l'avez entendu ce très digne assesseur
Qui par ses grands talens devrait être censeur ;
Il vous dira, Messieurs, que cette belle orgie,
Faillit par ce temps froid compromettre sa vie ;

Que depuis ce moment il éprouve un accès
Dont on pourra plus tard déplorer les excès !
En conséquence donc , ici je me résume,
Aisément je pourrais débiter un volume ,
Mais cela me suffit : que Gruyer, Parmesan ,
D'Hollande son ami , l'autre , son partisan ,
Soient condamnés chacun en un seul franc d'amende,
A tous frais de procès ; la loi vous le commande.
Et de plus je requiers que le sieur Imgela
Ait deux jours de prison , il mérite cela,
Son crime étant plus grand ; puis la peine est peu rude.
Qu'est-ce pour lui deux jours ? il en a l'habitude.
J'insiste sur ce point , vous faisant observer
Que d'acquitter ces gens ce serait un danger.
Le pouvoir est fictif ; chaque jour il décline ;
C'est à vous qu'appartient d'assurer la machine.

 Le Juge, *à Imegénela.*

A ces nombreux griefs n'opposerez-vous rien ?

  IMEGÉNELA.

Si je voulais parler , chacun le sait très bien ,
Je pourrais à mon tour, d'un ton moins lamentable,
Vous désigner d'ici quel est le vrai coupable ;
Mais comme un vieux jargon dit que trop parler nuit,
Qu'avec un homme noir très souvent il en cuit ;
Raton plus que prudent , je refuse ma patte
A Bertrand le malin ; c'est à tort qu'il se flatte

De tenir des marrons qui sont encore au feu ;
Conseillez-lui plutôt de mieux cacher son jeu.
Je le dis en public, ne le prends point en traître,
Chaque chose a son tour, le temps est un grand maître.
Devrait-il m'en vouloir.... (*S'arrêtant.*) Je serai cir-
    conspect
Et j'attends votre arrêt du plus profond respect.

LE JUGE.

Les débats sont finis, la cause m'est connue ;
Il demeure avéré qu'à minuit, dans la rue,
Uu agent du pouvoir, un délégué local,
Se plaint d'un traitement qu'il appelle brutal ;
Ajoute qu'envers lui la désobéissance
Allait se convertir en si forte licence
Qu'il se vit obligé d'employer des soldats
Pour prévenir, dit-il, de plus grands attentats
Qui pouvaient un instant compromettre la ville,
Dont l'esprit belliqueux est bien moins que tranquille ;
Nouvelle propagande et qui marche à grands pas,
Le tout accompagné de mille et cætéras.....
    (*aux prévenus.*)
Quand on enfreint les lois, je ne vois pas d'excuse ;
On rit des arrêtés, souvent on en abuse ;
On croit devoir s'armer de vieux antécédens ;
On ne fait aucun cas des anciens réglemens :
Croyez-moi donc, Messieurs, il est des ordonnances
Que l'on a pu braver ; il est des convenances

Qu'il nous faut respecter : hors donc, considérant
Que ce fait isolé n'est pas très-important,
Qu'il est indifférent à la chose publique,
Qu'il n'a rien de commun avec la politique,
Que pour tous les partis ainsi procéderons,
Arrêtons, décidons, jugeons et libérons
Les quatre prévenus taxés d'un franc par tête ;
Du procureur plaignant rejetons la requête ;
Condamnons Imgela à cinq francs, c'est assez...

IMEGÉNELA.

C'est toujours, malgré çà, payer les pots cassés.

L'ACCUSATEUR.

Croyez-vous tout fini ? non, ma cause est trop belle ;
A mon gouvernement je serais infidèle
Si d'un acquittement je vous laissais l'espoir.
Et comme de tout temps j'ai vécu du pouvoir,
Je connais la valeur de ce fameux quand même !
Mon pourvoi, dès demain, part pour la cour suprême.

FIN.

www.ingramcontent.com/pod-product-compliance
Lightning Source LLC
Chambersburg PA
CBHW060612050426
42451CB00012B/2209